www.hypnose-emdr-walther.de
Tanja Walther

# Auf den Schwingen des Pegasus
## Selbsthypnose bei Alltagsbeschwerden
### Trance - und Traumgeschichten

**Für jeden, der sein Leben selbst in die Hand nehmen will.**

# Auf den Schwingen des Pegasus
## Selbsthypnose bei Alltagsbeschwerden
### Trance-und Traumgeschichten

# Auf den Schwingen des Pegasus
## Selbsthypnose bei Alltagsbeschwerden
## Trance-und Traumgeschichten

**Hinweis:**

Dieses Buch soll Ihnen helfen, kleine Alltagsbeschwerden zu erleichtern.

Es ersetzt aber keine Therapie.

Bei andauernden Beschwerden kontaktieren Sie bitte einen Arzt, Heilpraktiker oder Psychotherapeuten.

# Auf den Schwingen des Pegasus
## Selbsthypnose bei Alltagsbeschwerden
## Trance-und Traumgeschichten

Bibliografische Information der Deutschen Nationalbibliothek: Die Deutsche Nationalbibliothek verzeichnet diese Publikation in der Deutschen Nationalbibliografie; detaillierte bibliografische Daten sind im Internet über http://dnb.dnb.de abrufbar.

Herstellung und Verlag: BoD - Books on Demand, Norderstedt

**ISBN: 9783749483778**

# Inhaltsverzeichnis

**Traumreisen:**

## Vorwort

Die Geschichten in diesem Buch dienen der Anregung Ihrer Phantasie, zur Entspannung und zum Stressabbau.
Sobald Sie sich darauf einlassen können, Entspannung zuzulassen und wirklich zu spüren, werden Ihre Selbstheilungskräfte gestärkt. Ihre Energiereserven werden wieder aufgefüllt. Dies bewirkt, dass Sie auf körperlicher, sowie auf geistiger Ebene wesentlich widerstandsfähiger und leistungsstärker werden.

Diese Geschichten sind natürlich besonders als Vorlesegeschichten für Erwachsene sowie Kinder geeignet.

In den Geschichten verwende ich das „Du" damit sich Ihr Unterbewusstsein darauf besser einlassen kann.
Nach jeder zweiten Geschichte haben Sie die Möglichkeit, ihre eigenen Gedanken aufzuschreiben oder Bilder aufzumalen. Lassen Sie ihrer Phantasie freien Lauf.

**Was ist Hypnose?**

Hypnose ist ein ganz normaler, psysiologischer Vorgang. Sie sind weder willenlos oder wie betäubt. Sie können jedem Wort folgen, nehmen alles um sich herum wahr.
Sie sind tiefenentspannt. Die Wissenschaft nennt es den Alpha-Zustand. Man kann die Hirnströme während einer Hypnose messen. Sie sind langsamer als im Wachzustand. Schneller als im Schlaf.

Vielleicht kennen Sie das Gefühl morgens wach zu werden, das Wetter ist vielleicht noch verregnet und Sie haben noch einige Minuten Zeit bevor Sie wirklich aufstehen müssen...Sie drehen sich noch einmal ein und schlummern vor sich hin. Sie nehmen jedes Geräusch wahr was Sie umgibt. Sei es im Haus oder der unmittelbaren Umgebung. Dies ist aber völlig unwichtig, weil Sie die einigen Minuten mit Ruhe noch geniessen. Dies kann man durchaus als einen hypnotischen Moment deuten.

Leider hat die Hypnose durch die Showhypnose, Bösewichte in Film und Fernsehen oder schlecht ausgebildete Hypnotiseure einen negativen
 Eindruck bei vielen Menschen festgesetzt.

Viele fürchten sich sogar davor.

Aber Show ist halt Show und dient dazu die Menschen zu unterhalten. Showhypnotiseure wissen genau mit wem sie diese Show durchziehen können.  Im Film würde es auch keinen Sinn machen die Würgeschlange als Psychotherapeuten darzustellen….

Auch wenn es Ähnlichkeiten zwischen der medizinischen Heilhypnose und der Showhypnose gibt, dient die klassische Hypnose nur dem therapeutischen Zweck.

**Hypnocoaching oder Hypnotherapie?**
Der Unterschied liegt in der Ausbildung des Anbieters bzw.
Therapeuten.

**Hypnocoaching**
Hypnosecoach, Gesundheitscoach, Mentaltrainer…
Ganzheitliche Hypnose….es gibt viele Namen.
Diese Personen bieten klassische Hypnoseanwendungen wie
die Rauchentwöhnung, Gewichtreduktion oder
Selbsbewusstseinsförderung an.
Hier darf kein Krankheitsbild behandelt werden!

**Hypnosetherapie: (Medizinische Heilhypnose)**
Neben den klassischen Anwendungen, Behandlung von
Ängsten, Depressionen, Phobien, Panikattacken,
psychosomatischen Erkrankungen, neurotischen Störungen,
Sexualstörungen u.v.m.. darf nur von Ärzten, Heilpraktikern
und Psychologen angewendet werden, die auch eine
Heilerlaubnis besitzen. Der Begriff „medizinische
Heilhypnose" darf dann auch nur von dieser Berufsgruppe
genutzt werden.

## Anleitung

Nehmen Sie sich Zeit!!!
Begeben Sie sich an einen Ort an dem Sie sich geborgen fühlen und nicht gestört werden. Schalten Sie alle störenden Faktoren aus. ( Handy, etc. )
Am Anfang bedarf es ein bisschen Übung. Aber je öfter Sie sich Zeit für sich nehmen, wird es mit jedem Mal besser funktionieren in die Entspannung zu gehen. (Selbsthypnose) Es ist wie mit allen Dingen, die wir öfter tun. Erst muss man üben, üben, üben. Bei jeder folgenden Übung denken Sie weniger darüber nach, was sie tun müssen und Sie werden nachher ganz von selbst schnell ruhig und entspannt.
Falls Sie einen Führerschein haben, denken Sie einmal an Ihre erste Fahrstunde...Sie mussten überlegen...erst kuppeln, schalten..Gas..Heute fahren Sie bei Grün einfach los. Sie denken gar nicht mehr darüber nach. Es ist konditioniert. So ist es in allen Dingen, die wir häufig anwenden.

Vor den jeweiligen Texten lesen Sie die „Einleitung in die Trance". Dort spreche ich bereits in der „Du"- Form. Es hilft Ihnen zu entspannen und sich auf das wesentliche vorzubereiten. Wenn Sie geübter sind finden Sie garantiert Ihre eigene Art der Einleitung.

Sie haben ja die Möglichkeit ihre Gedanken direkt im Anschluss aufzuschreiben.

Lesen Sie ruhig und machen Sie Atempausen.

(…,… zwischen den Sätzen )

Wiederholen Sie zwischendurch die Sätze, die Sie für sich besonders passend finden. Denken Sie daran, Sie selbst lassen sich darauf ein. Also können Sie die Texte für sich auch nutzen, wie es Ihnen am ehesten zusagt. Am Ende einer jeden Geschichte steht eine Ausleitung aus der Trance.

Wenn Sie die Geschichte zum Einschlafen verwenden, lassen Sie die Ausleitung einfach weg.

Sie dient dazu Sie wieder frisch und aktiv in den Tag gehen zu lassen.

ABER: Auch ohne Ausleitung bleibt kein Mensch auf Dauer in einer Hypnose!!

**Tipp:**
Sprechen Sie ihre persönliche Trancegeschichte auf ein
Diktiergerät oder Smartphone und hören diese einfach
zwischendurch, wenn Sie ein paar Minuten der Ruhe finden
wollen.

Setzen Sie sich nicht unter Druck!!

Seien Sie unbesorgt, wenn Sie in die Hypnose gehen. Sobald
in Ihrer Umgebung etwas Ihre Aufmerksamkeit verlangt sind
Sie hellwach und handeln jederzeit richtig!

## Einleitung in die Trance

Liegst du oder sitzt du richtig bequem?… Dann lasse dich darauf ein auf eine Reise zu gehen...Atme ein...Atme aus...lasse deinen Atem fließen...ganz von allein...lasse deine Gedanken kommen und gehen...wie Wellen die sanft in den Strand hineinrollen...einen Moment verweilen...sich wieder zurück ins Meer ziehen...wie Wolken am wunderbaren Frühlingshimmel...langsam vorüberziehen...einatmen...ausatmen...spüre wie Ruhe sich ausbreiten darf...auf deine, dir eigene Art der Entspannung...so wie du es zulassen möchtest...du darfst dir erlauben...Ruhe durch deinen Körper strömen zu lassen...wie ein Fluss des Lebens der jede Zelle deines Körpers reinigt...vom Kopf über den Nacken...vom Nacken in die Schultern...fließen lassen...von den Schultern darfst du dir erlauben die Harmonie und Ruhe in deine Arme zu leiten...Oberarme… Unterarme...bis in die äußersten Fingerspitzen...weiter strömen lassen...in den Oberkörper...tief in den Bauch hinein...du darfst dir erlauben...die Kraft der Entspannung noch

tiefer zu spüren...in die Beine hineinströmen zu lassen...Oberschenkel...Unterschenkel...bis in jeden einzelnen Zeh...zu spüren...wie die Ruhe und Harmonie dich immer mehr begleitet...wie in einem Traum...immer ruhiger und gelassener werden...einatmen...ausatmen...spüren...wie der Kopf immer mehr verlangt mit einer leichten Schwere auf die Unterlage zu sinken...die Schultern immer tiefer mit einer schweren Leichtigkeit...entspannen...der Rücken sich mehr und mehr fallen lassen kann auf eine weiche, angenehme Unterlage...die Beine immer weicher werden dürfen...mit jeder Zelle des Körpers die Ruhe wahrnehmen...auf deine dir eigene Art und Weise...nur so wie du es zulassen kannst...nun kannst du dich ganz darauf einlassen...deine Ziele zu erreichen...du kannst alles tun...lasse dich noch
tiefer sinken...wie ein kleines Steinchen welches in einen See geworfen wird immer tiefer sinkt...darfst du dir erlauben immer ruhiger und gelassener zu werden...immer so wie es dir angenehm ist…Nutze die Kraft die in dir steckt...

**Trancegeschichte anfügen**

## Augen

Du kannst dich jetzt mit deinem ganzen Bewusstsein auf deine Augen konzentrieren...Lasse deine Augen jetzt genauso entspannen, wie du es dir selbst erlaubt hast, zu entspannen. Wenn du magst kannst du deine Augen schließen...dann beginnst du deine Augen zu reinigen...auf deine eigene Art und Weise...reinige deine Augen...vielleicht kannst du dir vorstellen wie ein sanfter Fluss über deine Augen fließt... der deine Augen ganz sanft ausspült...jede Anspannung von dir nimmt...die kühlende Sanftheit des fließenden Wassers...ganz klar dürfen deine Augen werden...klar und sauber...frei von allem...frisch und frei...reinige deine Augen bis es ganz angenehm für dich ist...auf deine dir eigene Art und Weise...bis sie ganz klar und frisch sind...ganz beruhigt...vielleicht kennst du diesen Fluss...der so sanft ist ...die Umgebung...die dich noch tiefer entspannen darf...nur du kannst deine Augen so reinigen, wie es sich richtig für dich anfühlt...niemand anderes kann und wird es für dich tun...

…lasse den Fluss des Lebens alles umspülen…hinausspülen…um deine Augen ganz klar und frei werden zu lassen…


## Ausleitung:

Wenn du das jetzt Gefühl hast…,…deinen Augen geht es richtig gut…,…dann atme tief ein…,…tief aus…,…nehme das gute Gefühl mit in den Tag…,…und du darfst dir erlauben wieder frisch und gestärkt, hellwach zu werden, ganz wach, absolut wach deinen Tag zu begehen!

# Beine

Erlaube dir vorzustellen…,…du bist an einem wundervollen Sandstrand angekommen…,… du siehst wie die Wellen in den Strand hineinrollen…,… vielleicht kennst du diesen Strand…,… aber das ist völlig gleichgültig…,… kannst du das Salz in der Luft riechen?…,… auf deinen Lippen schmecken…,… oder kannst du das Rauschen der Brandung wahrnehmen…,… du gehst jetzt Schritte an diesem Strand…,… einen Schritt nach dem anderen…,…einen Fuß vor den anderen…,… spüre wie Sand deine Knöchel umspielen darf…,… bei jedem Schritt spürst du wie deine Beine noch schwerer werden…,… so müde wie sie sowieso schon sind…,… mit jedem Schritt immer schwerer…,… so dass du dir vorstellen kannst…,… dich einfach in den Sand zu legen…,…lege deine Beine so, dass sie komplett die Unterlage berühren…,… lasse deine Beine so schwer werden…,… dass du jegliche Schwere aus den Beinen fließen lassen kannst…,…in die Unterlage hinein…,… spüre wie jede Faser in deinen Beinen die Schwere in Leichtigkeit verwandeln kann…,…

so als hättest du ganz viele bunte Luftballons an die Beine gebunden…,… alle mit Helium gefüllt…,…so dass deine Beine die Schwere in der Unterlage lassen können…,… ganz leicht werden dürfen…,… nur du kannst deine Beine so leicht werden lassen…,…so wie es dir angenehm ist…,…

## Ausleitung:

Wenn deine Beine so entspannt und leicht sind, so wie es dir angenehm ist…,… so kannst du dieses gute Gefühl mit in den Tag nehmen, hellwach werden, total wach deinen Tag begehen!!

# Deine Gedanken und Bilder

## Darm

Begebe dich jetzt auf eine Reise…,… stelle dir vor du
betrittst eine Wüste…,… Sand ist überall…,…
du kannst ganz viele Schritte gehen…,… in diesem Sand…,
…der deine Füsse umschmeichelt
…Riesige Sanddünen umgeben dich…,… du spürst die
Trockenheit…,… in jeder Zelle deines Körpers spürst du den
Durst…,… du weisst du hast zu wenig Wasser zu dir
genommen…,…dein Körper freut sich auf klares, reines,
gutes Wasser…,…Wasser welches dafür sorgt, dass alles in
deinem Körper fliessen kann…,… stelle dir vor dein Darm
ist so ausgetrocknet wie die Wüste…,… du spürst wie träge
dein Darm ist…,… so wie ein guter Regen die Trockenheit
der Wüste umwandeln kann in pures Leben…,… so kannst
auch du dir erlauben, alles fließen zu lassen…,… mit klarem,
erfrischendem Wasser…,… lasse das Wasser in jede Zelle
deines Körpers fließen…,… wenn du es trinkst geht es durch
deinen Mund in die Speiseröhre…,… lasse es weiter
fließen…,… durch deine Speiseröhre in den Magen…,…
vom Magen in den Dünndarm…,… vom Dünndarm in den
Dickdarm…,…

alles darf in deiner optimalen Geschwindigkeit fließen…,… so wie du dir vielleicht vorstellen magst mit einem Boot die Wüste zu befahren…,… darfst du dir erlauben deinen Darm auf dem Fluss des Wassers zu befahren…,… jegliche Hindernisse werden von dem Fluss des Lebens weggespült…,… alles ist frei…,… darf fließen…,… mit diesem Boot gleitest du in absoluter Harmonie durch deinen Körper…,… lässt deinen Darm frei werden…,… so wie der natürliche Durst deines Körpers dafür sorgt, dass du trinken kannst…,… dich darauf freust, frisches Wasser zu trinken…, … deinen Darm unterstützt und den Sand wegspülen kannst, der dich so träge hat werden lassen…,… jetzt aber spülst du deinen Darm mit diesem wundervollen Wasser…,… lässt diesen Fluss durch deinen gesamten Körper gleiten…,… in jede Zelle so das alles fließen darf…,…entspanne deinen Darm…

**Ausleitung:**
Wenn du ein gutes Gefühl verspürst, deinen Bauch und Darm entspannen zu können so dass es dir angenehm genug ist, dann nehme dieses Gefühl mit in den Tag und sei ganz wach. Total wach.

## Entspannung

Du befindest dich in einer steinigen Umgebung…,… alles ist grau und staubig…,…. So als stündest du am Fuße eines Vulkans…, steinige,verbrannte Erde…,…du spürst wie dein Körper pulsiert wie dieser Vulkan…,…wie angespannt jeder Muskel in deinem Körper ist…,… wie du dich vielleicht über irgendetwas geärgert hast…,… du spürst es ganz stark…,… ganz intensiv…,… du spannst deine Muskulatur noch mehr an…,… gehe einen Schritt nach dem anderen hinauf zu diesem Vulkan  …du spürst wie deine Muskeln sich mehr und mehr anspannen…,… so wie der Vulkan bist du kurz vor dem Ausbruch…,… der Ärger, die Anspannung…,… du darfst dir erlauben dir vorzustellen wie …du in den Krater sehen kannst…,… die ganze aufgestaute Energie…,… rote, heiße Lava…,… brodelnd…,… Lasse die Energie jetzt heraus…,… entspanne jetzt deine Muskulatur…,… die Arme, die Beine…,…den Rücken…,… den Bauch…,… entspanne jetzt auch dein Gesicht…,…die Stirn…,… die Augen…,… die Nase…,… deine Lippen…,…

dein Kinn…,… deinen Hals…,… spüre wie Entspannung in jede Zelle deines Körpers fließen darf…,… lasse jegliche Anspannung aus deinem Körper heraus fließen…,… so wie der Vulkan sich nach dem Ausbruch beruhigt…,… darfst du dir erlauben Ruhe in deinen Körper fließen zu lassen…,… jeglichen Ärger gleichgültig werden zu lassen…,… Ruhe und Harmonie die dich ausgleichen und dir Kraft und Energie bringen…,… so wie die Erde von der heißen Lava verbrannt ist…,… kann die Natur jetzt wieder grün und fruchtbar werden…,… Energie schöpfen…,… spüre die Kraft, die du aus Ruhe erreichen kannst…

## Ausleitung:

Wenn du jetzt angenehm entspannt bist, atme noch einmal tief ein und aus. Nehme dieses gute Gefühl mit in den Tag und sei frisch wie nach einem erholsamen Schlaf. Sei ganz wach.

# Deine Gedanken und Bilder

## Füße

Du gehst einen Schritt nach dem anderen…,… eine Allee aus großen Linden säumt deinen Weg…,… die Sonne scheint durch das Blätterwerk…,… du spürst wie deine Füße ganz schwer sind…,… brennen von den vielen Schritten die du bereits getan hast…,… und wenn du dir jetzt erlaubst den Weg zu verlassen…,… kannst du dir vielleicht jetzt eine wundervolle, grüne, saftige Wiese vorstellen…,… nutze deine gesamte Phantasie und gehe barfuß über diese saftige Wiese…,… du kennst das Gefühl des frischen Grases…,… welches deines Füße ganz frisch werden lassen darf…,… du fühlst die Frische des Grases…,… darfst dir erlauben deine Füße ganz und gar zu entspannen…,… spürst wie in einen Zeh nach dem anderen die Ruhe und Entspannung fließt…, … gehe weiter Schritt um Schritt…,… bis du vielleicht einen Fluss erreichst…,… vielleicht kennst du diesen Ort…,… wo du ganz und gar entspannen kannst…,…gehe zu diesem Fluss…,…setze dich an das Ufer…,… welches ganz seicht ist…,…lasse deine Füße in das sanfte Wasser dieses Flusses gleiten…,…

spüre wie die Kühle des Flusses in deine Füße steigen darf…,… wie die Kraft des Wassers jegliche Anspannung aus deinen Füßen nimmt…,…nur Entspannung und Ruhe bleiben in den Füßen zurück…,… spüre wie das Wasser über deine Füße fließen darf…,… alles mit sich nimmt…,… die Schwere…,… die Anspannung…,… das Brennen…nur Ruhe und Harmonie…,… Kühle…

## Ausleitung:

Wenn deine Füße sich jetzt richtig gut für dich anfühlen, nehme dieses Gefühl mit in den Tag. Nehme die Frische und Kraft in dir auf und werde hellwach.Nutze den Tag.

## Gewicht

Vielleicht kannst du dir jetzt schon vorstellen in einen Spiegelsaal zu gehen…,… so groß dass du das Ende nicht erahnen kannst…,… wunderschön eingerahmte Spiegel stehen überall um dich herum…,… du kennst dein eigenes Spiegelbild…,… so wie es im Moment ist…,… du kennst die Stellen an deinem Körper die dir nicht zusagen…,… die du ändern willst…,… schau dein Spiegelbild genau an…,… nur du kannst dich ändern…,… kein anderer kann oder wird es für dich tun…,… schaue deinen Körper ganz genau…,… Stelle für Stelle an…,… dieses Spiegelbild gefällt dir nicht…,… stelle dir vor was du ändern willst…,…begebe dich jetzt vor einen anderen Spiegel in diesem prachtvollen Saal…,… stelle dir vor du hättest jetzt einen Zauberstab in einer unsichtbaren symbolischen dritten Hand…,…du darfst dir erlauben dich so zu zaubern…,… wie du dir gefallen könntest…,…die Stellen zaubern, wie es sein soll…,… dann wenn du dich so gezaubert hast wie es sich gut anfühlt…,… nehme dieses gute Gefühl ganz und gar in dir auf…

verinnerliche dieses gute Gefühl und dieses gute Spiegelbild
von dir…,… spüre was du ändern kannst…,… du kannst
dieses Spiegelbild erreichen…,… du weißt was du tun musst
um dieses Ziel zu erreichen…,… verinnerliche das gute
Spiegelbild…,…du freust dich darauf so zu leben dieses
Spiegelbild zu erhalten…,… es wird dir leicht fallen…,…

**Ausleitung:**
Nehme dieses Bild mit in deinen Alltag. Erinnere dich immer
genau an dieses Bild. Nehme das gute Gefühl mit. Gehe
wach und entschlossen in den Tag.

# Deine Gedanken und Bilder

## Hitze

Lasse dich darauf ein…,… atme ein und lasse den Atem ganz von selbst strömen…,… wie deine Gedanken sich selbst denken dürfen…,… wie Wolken die an dir vorbeiziehen…,… stelle dir vor du stehst an der Küste…,… vielleicht kannst du das Meer und die Wellen vor deinem geistigen Auge sehen…,… vielleicht die Brandung hören…, … vielleicht sogar den leichten Wind spüren der zu dir herüber weht…,… spüre in dich hinein…,… spüre wie du dir erlauben kannst ganz und gar ruhig zu werden…,… gehe in Gedanken hinunter an den Strand…,… der Sand ist frisch und du darfst dir erlauben…,… die Hitze in dir in den Sand abzuleiten…,… bei jedem Schritt den du tust…,… mit jedem Schritt mehr zum Wasser hin…,… kühler Sand unter deinen Füßen…,…wenn du das Wasser erreicht hast…,… setze dich…,…du spürst wie das Wasser in leichten sanften Wellen um deinen Körper spült…,…sanfte, kühlende Wellen…,…du darfst dir erlauben die Hitze und den Schweiß mit in dieses Wasser zu geben…,…

Die Wellen fließen um deinen Körper…,…nehmen jegliche überflüssige Hitze und Schweiß mit sich…,…du spürst wie dein Körper auf optimale Werte abkühlt…,…der leichte Wind…,…der sich in deinen Haaren fängt…,…deinen Nacken kühlt…,…und zurück bleibt die Frische…,…die klare, reine Frische und Kühle…,…

## Ausleitung

Nehme die Frische und das angenehme Gefühl mit in den Tag. Werde wach. Voller Tatendrang kannst du den Tag begehen. Frisch und ausgeruht. Ganz wach.

## Juckreiz

Du spürst die angenehme, optimale Wärme der Sonne auf deinem Körper…,…das Meerwasser ist so salzhaltig…,…es trägt deinen Körper…,…du spürst wie das Salz deine Haut beruhigt…,…du darfst dir erlauben es mit allen Sinnen zu erfahren …wie das Wasser deine Haut reinigt…,…jede Pore…,…jede Zelle…,…bringt Ruhe auf deine Haut…,…du spürst wie das Salz deine Haut umschmeichelt…,…unnötige Hautschüppchen sich lösen dürfen…,…klare, reine Haut atmen kann…,…deine Haut darf sich erlauben sich zu beruhigen…,…so wie du dir erlaubst ruhig zu werden…,…deine Haut zu verwöhnen…,…lasse das Salzwasser an jede Stelle deines Körpers…,… überall dort wo es unangenehm war…,…ruhige, glatte Haut…,…das Salzwasser legt sich wie ein Balsam um deine Haut…,…nimmt jegliches Unbehagen mit sich…,…cremt die Hautstellen…,…sorgt für Harmonie…,…alles ist im Gleichgewicht…,…du spürst wie deine Haut wieder atmen darf…

du darfst dir erlauben dir vorzustellen…,…durch deine Haut hindurch zu atmen…,…sorge dafür, dass jede Stelle deiner Haut gut beatmet und frei von jeglichem unnützen Hautschüppchen ist…,…
ganz befreit und sanft darf deine Haut sein…,…gereinigt…, …und ganz beruhigt…

## Ausleitung

Freue dich über das sanfte Gefühl und nehme es mit in den Tag. Werde hellwach und ausgeruht wie nach einem wohligen Schlaf. Hellwach und frisch.
Ganz wach. Total wach.

# Deine Gedanken und Bilder

# Kopfschmerzen

wunderbare Weinberge ziehen sich kilometerlang an den Hängen entlang…,…eingerahmt von Zypressen…,…das milde Klima der Toskana…,… endlose Reben die voller saftiger Trauben hängen…,…spüre die Frische der Luft…,… ganz bewusst…,…lasse deinen Kopf genauso frei werden wie die Luft die durch die Weinberge weht…,…entspanne deinen Körper…,…entspanne jetzt ganz bewusst jeden Muskel…,…vielleicht kannst du bereits fühlen…,…wie du mit jedem Atemzug den du tust…,…ruhiger und gelassener werden kannst…,…einatmen…,…ausatmen…,…entspanne deine Schultern…,…lasse sie tief auf die Unterlage sinken…,…wenn deine Schultern entspannt sind…,…ganz auf der Unterlage liegen…,…darfst du die Ruhe weiterleiten…,…in deinen Nacken…,…liegt der Nacken gut?…,…entspanne jetzt deinen Nacken…,…spüre wie jeder kleinste Muskel sich lösen darf…,…ist dein Nacken genauso entspannt wie die Schultern…,…so leite die Ruhe weiter in deinen Kopf…,…liegt der Kopf bequem…,…

dann erlaube dir…,…den Kopf zu entspannen…,…so wie
der Nacken und die Schultern entspannt sind…,…dann
entspanne jetzt deine Stirn…,…so wie deine Stirn entspannt
ist…,…lasse die Ruhe auch in deine Wangen strömen…,…
entspanne die Wangen…,…wie die Schultern…,…den
Nacken
…den Kopf…,…erlaube dir dann deinen Kiefer zu
entspannen…,…ganz frei von jeglicher Anspannung…,…


## Ausleitung

Frisch und entspannt kannst du nun auf deine dir eigene
angenehme Art den Tag begehen. Entspannt und hellwach.
Total wach.

## Last abwerfen

Vielleicht kannst du dir jetzt schon vorstellen…,…
wie du einen bequemen Bergpfad hinauf steigst…
neben diesem Weg wachsen wundervolle Blumen und
Kräuter…,…spüre die Natur…,…gehe Schritt um Schritt
weiter…,…atme ein…,…atme aus…,… du merkst bei
jedem Schritt wie schwer es dir fällt…,…vielleicht fällt dir
ja jetzt erst auf…,…du trägst einen schweren Rucksack auf
deinen Schultern…,…du hast ihn selbst gepackt…,…mit
Ängsten, Sorgen oder Ärger…,…gehe weiter diesen Weg…,
…Schritt um Schritt…,…bis du zu einer kleinen Anhöhe
kommst…,…hier kannst du dich setzen und ausruhen…,…
lege den Rucksack zur Seite…,…vielleicht kannst du einmal
hinein schauen…,…siehst du dort die Sorgen, die diesen
Rucksack so schwer werden lassen…,…nehme diese Sorgen
heraus und gebe ihnen Flügel…,…mache den Rucksack
leichter…,…die dicken Steine die jetzt völlig gleichgültig
werden dürfen…,…vielleicht gelingt es dir ja jetzt diese
dicken Steine aus dem Rucksack zu nehmen…,… du kennst
die Steintürme die Menschen errichtet haben…,

…erlaube dir auch so die Steine zu stapeln…,…so dass sie
dir Ruhe geben und du weißt…,…du kannst alles
schaffen…,…merkst du
wie leicht deine Schultern werden dürfen…,…fühle diese
Leichtigkeit…,…Entspanne deinen ganzen Körper…,…du
kannst alles schaffen…,…atme tief ein…,…nehme deinen
Rucksack…,…
gehe weiter und spüre mit allen Sinnen…,…Steine
loszulassen…,…Kein anderer kann und wird es für dich
tun…,…und jeden Schritt den du wieder ins Tal wanderst…,
…darfst du dir erlauben leichter und glücklicher zu gehen…


## Ausleitung

Mache dich leicht und frei. Nehme dieses gute Gefühl mit in
den Tag. Du weißt du kannst alles erreichen. Werde hellwach
und meistere den Tag.

# Deine Gedanken und Bilder

## Magen

Die Straße glitzert…,…als bestünde sie aus tausenden
Diamanten…,…so strahlend…,…so leuchtend…,…so klar
und frisch…,…der Weg durch deinen Mund…,…über die
Speiseröhre…,… in deinen Magen hinein…,…dort herrscht
das Chaos…,…explodierende Feuerbälle…,…die so heiß
sind…,…der Magen ist aufgebläht wie ein Ballon…,…der
überfüllt ist mit heißer Luft…,…die Feuerbälle, die
brennen…,…du kannst dir selbst helfen…,…mit einer
helfenden symbolischen Hand…,…kannst du wie bei einem
Ballon die Luft entweichen lassen…,…du darfst dir
vorstellen…,…über die Glitzerstraße kommen  deine
Helfer…,…vielleicht kannst du dir vorstellen es sind kleine
Feuerwehrwichtel…,…die genau in deinen Magen passen…,
…die guten Schaum in deinen Magen geben…,…das Feuer
sanft löschen…,…und du lässt deinen Magen immer mehr
entspannen…,…Ruhe finden…,…Harmonie alles im
Gleichgewicht…,…den Druck ableiten…,…

Spüre die Entspannung in deinem Magen…,…so kann auch dein Magen wieder voller Magie…,…
voller Kraft…,…seine volle Leistung entfalten…
auf angenehme Art und Weise…,…seine Aufgabe erfüllen…,
…Ruhe und Harmonie…,…alles im Gleichgewicht…

## Ausleitung

Nehme deinen beruhigten Magen wahr. Gönne ihm die Ruhe die du auch benötigst. Nehme das gute Gefühl mit in den Tag. Werde hellwach wie nach einem erholsamen Schlaf immer wacher und aufnahmefähiger. Total wach.

## Nase

Stelle dir vor…,…du stehst auf einem sehr hohen Felsen…,
…vor dir ist die Welt offen…,…Nebel sitzt inmitten der
Bergwipfel…,…freies, offenes Land…,…so weit du sehen
kannst…,…Freiheit…
so als könntest du schweben…,…du kannst ganz frei
atmen…,…mache deine Nase jetzt so frei wie das Land…,…
auf deine eigene Art und Weise findest du den Weg…,…du
atmest die Frische ein…,…machst deine Nase frei von
allem…,…frei von allem was dich belastet…,…du darfst
spüren wie der Atem von alleine fließt…,…entspanne deine
Nase…,…mach sie selbst frei wie
nur du es kannst…,…vielleicht hast du Pfeifenreiniger…,…
vielleicht aber auch kleine Staubsauger…,…vielleicht auch
kleine Feen…,… die deine Nase befreien…,…mache jetzt
deine Nase so frei wie nur du es tun kannst…,…ganz frei von
allem…,…freies Atmen…,…spüre was du selbst tun
kannst…,…mache deine Nase jetzt noch freier…,…erst ein
Nasenloch…,…dann das andere…,…immer freier darf es
werden…,…

Spüre wie hoch du über der Welt bist…,…freies Atmen…,…
so wie du es dir erlaubst…,…so frei darf deine Nase die
frische Luft einatmen…,…
erst das eine Nasenloch…,…danach das zweite…,…auf
deine eigene Art und Weise…,…
Entspanne deine Nase…,….

## Ausleitung

Atme tief durch die Nase ein und aus. Nur du kannst dieses
Gefühl mit in den Tag nehmen. Werde hellwach mit dem
Wissen alles tun zu können. Total wach.

# Deine Gedanken und Bilder

## Ohren

Erlaube dir vorzustellen…,…eine weite Landschaft…,…
Wiesen…,…Felder…,…vielleicht ein kleiner Bachlauf…,…
freie weitläufige Weiden…,…saftiges Grün umgibt dich…,
…wo du hinschaust ist alles ruhig und harmonisch…,…
kannst du vielleicht den Bach hören…,…das saftige Grün
riechen…,…die Frische der Luft schmecken…,…vielleicht
ist da aber dein Ohrgeräusch…,…welches dich daran hindert
diese Ruhe zu spüren…,…dich daran hindert sich fallen zu
lassen…,…abzuschalten…,…wie ein Radio…,…zu laut…,
…zu störend ist dieses Geräusch…,…lasse dich darauf ein
dich in diese Ruhe zu begeben…,…atme tief ein…,…atme
tief aus…,…entspanne deine Muskulatur…
liegt dein Kopf bequem auf der Unterlage…,…entspanne
deine Ohren…,…hörst du jetzt das Geräusch in deinen
Ohren…,…nehme es ganz bewusst wahr…,…konzentriere
dich genau auf dieses Geräusch…,…wie einem Radio kannst
du auch deinem Geräusch lauschen…,…jetzt drehe
symbolisch einen Knopf der die Lautstärke regelt..

…du darfst dir erlauben dein Geräusch wie ein Radio lauter…,…aber ebenso leiser werden zu lassen…,… konzentriere dich auf deinen symbolischen Knopf…,…regle die Lautstärke immer weiter runter…,…immer leiser wird dein Geräusch…,…immer entspannter…,…immer ruhiger…,…

## Ausleitung

Konzentriere dich jetzt wieder auf die Geräusche in deiner Umgebung. Werde wach und nehme die Entspannung mit in den Tag.

## Positives Denken

Seerosen schwimmen auf dem Teich…,…ab und an hüpft
ein kleiner Frosch auf einem der Blätter herum…,…Libellen
schwirren über das Wasser…,
kleine Wasserläufer stehen in den glitzernden kleinen
Wellen…,…die sanft auseinander treiben..
…so wie die Wellen in Ringen weiter auseinander treiben…,
…so kannst du dir erlauben immer ruhiger zu werden…,…
erinnere dich an die guten Dinge die du bereits erlebt hast…,
…ganz sicher fallen dir gute Dinge ein…,…die vielleicht
schon vergessen waren…,…Ziele die du erreicht hast…,
vielleicht hast du vorher nicht an diese Ziele geglaubt…,…
aber dennoch erreicht…,…so wie du dich jetzt an die guten
Dinge erinnern kannst…,…gehe einmal in dieses gute
Gefühl zurück…,…ein Ziel erreicht zu haben…,…etwas
gutes erlebt zu haben…,…hülle dich ganz in dieses gute
Gefühl ein…,…gebe diesem Gefühl eine Farbe…,…
vielleicht deine Lieblingsfarbe…,
du kannst auch in Zukunft alles erreichen…,…glaube fest an
dich selbst…,…du hast Ziele erreicht…,…gute Dinge
erlebt…,…

Dinge und Ziele die scheinbar unerreichbar waren…,…
erinnere dich und halte dieses gute Gefühl fest…,…wenn du
lächelst…,…kommt ein Lächeln zurück…,…probiere es
aus…,…du kannst alles erreichen…,…selbstbewusst…,…
stolz…,…spüre die Kraft deiner Ruhe…,…denke an dich
selbst…,…glaube an dich selbst…,…du weißt du kannst
alles schaffen…

## Ausleitung

Nehme dein farbiges Gefühl und das Lächeln mit in deinen
Tag. Du kannst alles tun. Alles erreichen. Werde hellwach
und ausgeruht. Ganz frisch und aufgeweckt. Lächle.

# Deine Gedanken und Bilder

## Rücken

liegst du wirklich bequem…,…fühle noch einmal ob es wirklich gut so für dich ist…,…du darfst dir erlauben dir vorzustellen…,…deine Unterlage ist ein Zauberteppich aus 1001 Nacht…,…jede Stelle deines Rückens wird getragen…,…unterstützt…,
tauche ein in einen Traum…,…getragen von dem fliegenden Teppich…,…spüre wie du deinen Rücken ganz und gar auf deiner Unterlage entspannen darfst…,…atme tief ein…,… beim ausatmen darfst du dir erlauben…,…deine Schmerzen in die zauberhafte Unterlage abzuleiten…,…die Schmerzen dürfen vom Wind weggeweht werden…,…atme wieder tief ein…,…atme aus und lasse die Schmerzen noch weiter in die Unterlage gleiten…,…entspanne jeden Muskel in deinem Rücken…,…deine Schulterblätter dürfen sich ganz sanft in der Unterlage vertiefen…,…deine Wirbelsäule…,… Wirbel für Wirbel tiefer in die Unterlage gleiten …,…lege den gesamten Rücken immer angenehmer tiefer in die zauberhafte Unterlage…,

lasse den Schmerz immer weiter bei jedem Ausatmen in die Unterlage gleiten…,…
völlige Entspannung…,…getragen von deiner zauberhaften Unterlage…,…jeder Schmerz wird weggeweht…,…wird völlig gleichgültig…,…
mit jedem Atemzug…,…immer gleichgültiger…,
entspanne deinen Rücken…,…mehr und mehr…

## Ausleitung

Gehe gestärkt und ausgeruht in den Tag. Mit einem starken Rücken. Hellwach und frei. Nutze den Tag.

## Reizweiterleitung

erlaube dir vorzustellen…,…ein Netzwerk der Natur…,…
dein Körper…,…von Kopf bis Fuß …
verbunden…,…Leitungsbahnen…,…wie ein gewaltiges
Stromnetz…,…ein Netzwerk aus Flüssen vielleicht…,…
alles darf fließen…,… vielleicht kannst du dir vorstellen eine
Reise zu begehen…,…von Kopf bis Fuß…,…mit einem
gemütlichen Schiffchen…,…deine Reise durch deinen
eigenen Körper…,…auf deinen Leitungswegen…,…lasse
das Schiffchen gleiten
… von deinem Kopf…,…in deinen Nacken gleiten…,…vom
Nacken geht es weiter über deine Schultern…,…ganz
gemütlich und ruhig verbindest du die Wege vom Kopf über
deinen Nacken…,…zu deinen Schultern…,…ruhiges
Fahrwasser…,…von deinen Schultern führt das Schiffchen
dich weiter…,…in den rechten Arm…,
vielleicht entdeckst du schon jetzt das Abenteuer…,…vom
rechten Arm weiter bis in den linken Arm…,…vom linken
Arm zurück bis in deinen Oberkörper…,…kleine Wellen die
dein Schiffchen tragen und weiter fahren lassen…

durch deinen Bauchraum auf angenehme Art und Weise…,…
es gibt viel zu entdecken…,…das Schiffchen darf jetzt noch
weiter gleiten…,…in das rechte Bein…,… bis hin zu den
Zehenspitzen
…wieder ruhig und gelassen zurück in das rechte Bein…,…
weiter gleiten in das linke Bein…,…dort darf das Schiffchen
auch weiter fahren bis in die Zehenspitzen…,…denke jetzt
noch einmal an diese gesamte Reise…,…von Kopf bis
Fuß…,… alles verbunden….

## Ausleitung

Nehme das gute Gefühl mit in den Tag. Alles im Einklang.
Alles verbunden. Alles im Gleichgewicht. Werde hellwach.

# Deine Gedanken und Bilder

## Sinne stärken

Wie war es, als du das erste Mal ein Gefühl wahrgenommen hast…,…welches so wundervoll war…,…das erste Mal einen Geruch wahrgenommen hast…,…der heute Erinnerungen in dir wachruft…,…die dich positiv mit ihm verbinden…,…etwas gesehen hast…,…was dich so beeindruckt hat…,…woran du gerne zurück denkst…,… einen Geschmack…,…der dich vielleicht sogar in die Kindheit zurück begleitet…,…erinnere dich an die Kraft deiner Sinne…,…die dich schützen…,…dich begleiten…,… an die positiven Dinge denken lassen…,…sei offen für die neuen Eindrücke in deiner Umgebung…,…achte auf dich und deine Sinne…,…höre genau hin was um dich herum passiert…,…sieh genau hin…,…fühle in dich hinein…,… schmecke heraus
was du zu dir nimmst…,…rieche die Düfte die dich umgeben…,…ganz bewusst darfst du dir erlauben das Leben wahrzunehmen…,…spüre die positive Energie die nur du spüren kannst…,…

die Kraft die in dir steckt…,…alles zu erreichen…
mit offenen Sinnen…,…ganz bewusst…,…das Leben
sehen…,…hören…,…riechen…,…schmecken…,…
fühlen…,…das Leben begreifen

## Ausleitung

Denke positiv und genieße dein Leben. Gehe wundervoll in
den Tag. Sei hellwach und aufmerksam.

## Umwandlung von Schmerz

gehe in deinen Gedanken zu deinem Schmerz…,…wie fühlt
sich der Schmerz an…,…wie stark ist der Schmerz…,…wie
sieht der Schmerz aus…,…
wenn du deinem Schmerz eine Farbe geben kannst
…welche ist es…,…ist es ein stechender Schmerz…,…spitz
wie ein Dreieck oder Stern…,…finde deine eigene Form…,
…brennend, stechend…,…vielleicht rot…,…wie Feuer…,…
finde deine eigene Farbe…,…lasse deine Phantasie und dein
Unterbewusstsein dir helfen…,…konzentriere dich jetzt
genau auf die unangenehme Form…,…auf die unangenehme
Farbe…,…den Schmerz…,…stelle dir ganz genau
Form und Farbe vor…,…vielleicht wirklich das rote, spitze,
brennende Dreieck…,…wenn es brennt kannst du es
vielleicht auf einem Boot über das Meer schicken…,…dort
kann es brennen bis das Boot untergeht und das Meer den
Brand löscht
…oder du darfst dir erlauben dir vorzustellen…,…
ändere die Form…,…schleife die spitzen Ecken bis sie
völlig rund sind…,…

angenehm rund und sanft…,…vielleicht bis nur noch eine
Kugel vor deinem inneren Auge besteht…,…gar nicht mehr
spitz und stechend…,
rund und sanft…,…verändere auch die Farbe…,…
lasse die Kugel in deiner Lieblingsfarbe erstrahlen
…solange bis du dich ganz wohl mit Form und Farbe fühlen
kannst…


## Ausleitung


Begehe jetzt sicher deinen Tag. Werde hellwach und frei.
Ganz bewusst frei. Total wach.

# Deine Gedanken und Bilder

## Auf den Schwingen des Pegasus


Ein Wald…,…ruhig und geheimnisvoll…,…voller Kraft und
Energie…,…der Waldweg eingebettet in
tiefgrünem Farn…,…Moos bedeckt Baumwurzeln am
Wegesrand…,…die Frische des Waldes ganz deutlich
wahrzunehmen…,…den Atem sich selbst atmen lassen…,…
die Gedanken sich selbst denken lassen…,…das Rascheln
der Blätter die sich sanft im Wind wiegen…,…schaue hinauf
zu den Baumwipfeln…,…sanft schaukeln sie hin und her…,
…von einer Seite zurück zur anderen Seite..
..sanft hin und her…,…verfolge mit deinen Augen
das sanfte Schaukeln der Baumwipfel…,…
einatmen…ausatmen…,…ganz von selbst…,… Spüre die
Frische des Waldes…,…vielleicht das Moos riechen
können…,…lasse deiner Phantasie die Möglichkeit dich auf
diese Reise mitzunehmen
…weiter gehen…,…tiefer in den Wald…,…kleine
Äste knacken unter deinen Füssen…,…aber du bist nicht
allein…,…ein sanftes Schnauben…,…es ist dir ganz nah…,
…du hast es nicht gleich entdeckt…,…jetzt steht es vor
dir…,…imposant und gleichzeitig liebreizend…,

das geflügelte Pferd…,…Fell weiß wie Schnee der in der Sonne glitzert…,…warm und angenehm…,…vertraue diesem wundervollen Tier…,…sanfte Augen die dich auffordern auf seinen Rücken zu steigen…,…mit auf die Reise zu gehen…,…steige auf den starken Rücken des Pegasus…,…Flügel breiten sich aus…,…hoch in die Lüfte trägt dich das imposante Tier…,…mit jedem Flügelschlag immer frischere Luft…,…frei atmen…,…mit jedem Flügelschlag höher und höher …,…über die Baumwipfel hinweg…,…atmen…,…die Luft ist ganz leicht…,…sanft trägt dich das kräftige Tier

…du kannst bis an den Horizont schauen…,…atmen…,… Ruhe spüren…,…in jede Zelle deines Körpers die Kraft strömen lassen…,…mit jedem Flügelschlag…,…Auf den Schwingen des Pegasus

…kannst du ruhen und die Leichtigkeit fühlen…,…du kannst frei atmen…,…deine Bronchien ganz frei werden lassen…,…deine Lunge ganz frei werden lassen…,…mit jedem Flügelschlag freier und leichter…,…du kannst dir erlauben so frei zu atmen bis zum Horizont…,…Kraft spüren…,… Ruhe leben…,…Energie laden…,…Ruhe…, Energie

# Deine Gedanken und Bilder

## Astronaut

Dunkelheit…,…das Surren der Instrumente in der
Raumstation…,…eine Stimme die dich begleitet…in deinem
Raumanzug angenehm schwebend…,… kurz davor aus der
Raumstation zu treten…,…du kannst frei atmen…,…dich
frei bewegen…,…du spürst deinen optimalen Pulsschlag…,
…durch deinen Raumhelm hörst du deine eigene ruhige
Atmung…,…einatmen…,… ausatmen…,…die Tür zum
unendlichen Weltall öffnet sich…,…du bist gesichert also
lass es zu dich in dieses Abenteuer fallen zu lassen…,…
loslassen…,…schwerelos sein…,…Gedanken schweben
lassen…,…in die unendliche Weite des Alls…,…immer
weiter gleiten…,…schwerelos schweben…,…spüre die
Kraft loslassen zu können…,…dein Körper ganz leicht…,…
die Arme leichter als die Beine…,…der Kopf leichter als die
Füße…,…der Rücken entspannter als der Bauch…,…
Entspannung ganz…,…schweben…,…Bilder der Erde…,…
der blaue Planet…,…

# <u>Deine Gedanken und Bilder</u>

## Taucher

Der See liegt ruhig vor dir…,…am sandigen Ufer stehend
auf das Wasser schauen…,…angenehm wirft die Sonne ihr
Licht auf den See…,…kleine Wellen die das Licht glitzernd
zurück werfen….
Das Wasser anziehend wie die Schwerkraft…,…
Schritt für Schritt näher an das Wasser des Sees der Ruhe…,
…Füße dürfen in das Wasser eintauchen…,…angenehm
frisch…,…tragend…
tauchst du mehr und mehr in den See ein…,…
ganz freies Atmen…,…wie mit einer Tauchflasche
… ganz unbeschwert atmen…,…kleine lustige Fische…,…
die um dich herum schwimmen…,…
neugierig sind…,…schweben in dieser wunderbaren
Unterwasserwelt…,…lösen von allem Unbehagen…,…
freies Atmen…,…Luftblasen die silbern, glänzend nach oben
steigen
…wie kleine Diamanten glitzern…,…weiter gleiten…,…
schweben…,…die Artenvielfalt unter Wasser…,…schwimmt
um dich herum…,…neugierig…,…fühle die Freiheit…,…
fliegen unter Wasser…,…schwerelos…,…tauche durch das
sanfte Blau…,…frei atmen…,…Ruhe, Ruhe

## Nachwort

**Sei offen für das Leben.**
**Nutze die Kraft, die in dir steckt.**
**Gib deiner Phantasie die Möglichkeit, dich überall hin zu**
**führen.**

## Über die Autorin

Tanja Walther ist seit dem Jahr 2000 Heilpraktikerin. Sie ist
Hypnose – und
EMDR – Therapeutin.
Sie leitet die Naturheilpraxis Mobil in Velbert-Langenberg.

Bei Fragen, Lob oder Kritik wenden Sie sich bitte direkt an
mich. Durch ihre Kritik geben Sie mir die Möglichkeit es in
Zukunft besser machen zu können.
www.hypnose-emdr-walther.de

## Literatur

- Alman, Brian M./ Lambrou, Peter T, 2004: Selbsthypnose, Carl-Auer-System Verlag, Heidelberg

- Bökmann, Martin, 2005: Mit den Augen eines Tigers, Carl-Auer-System Verlag, Heidelberg

- Egeling, Petra und Werner, 2017: Hypnosetechniken von A bis Z, Hypnose- Werkzeugkasten 4, BoD Verlag, Norderstedt